YOUR KNOWLEDGE HAS VALUE

Jacopo De Tullio

Mario Tchou e l'elettronica italiana

GRIN Verlag

Bibliografische Information der Deutschen Nationalbibliothek:

Die Deutsche Bibliothek verzeichnet diese Publikation in der Deutschen National-
bibliografie; detaillierte bibliografische Daten sind im Internet über http://dnb.d-
nb.de/ abrufbar.

Imprint:

Copyright © 2013 GRIN Verlag GmbH
Druck und Bindung: Books on Demand GmbH, Norderstedt Germany
ISBN: 978-3-656-74393-4

GRIN - Your knowledge has value

Der GRIN Verlag publiziert seit 1998 wissenschaftliche Arbeiten von Studenten, Hochschullehrern und anderen Akademikern als eBook und gedrucktes Buch. Die Verlagswebsite www.grin.com ist die ideale Plattform zur Veröffentlichung von Hausarbeiten, Abschlussarbeiten, wissenschaftlichen Aufsätzen, Dissertationen und Fachbüchern.

Visit us on the internet:

http://www.grin.com/

http://www.facebook.com/grincom

http://www.twitter.com/grin_com

Mario Tchou e l'elettronica italiana

Jacopo De Tullio

Centro PRISTEM, Università commerciale L. Bocconi

Novembre 2013

Sommario

Con questo contributo si vuole ricordare di Mario Tchou, fisico e ingegnere italo-cinese che, su richiesta di Adriano Olivetti, si trasferì da New York a Barbacina (Pisa) per dirigere quel gruppo di pionieri che nel 1955 diedero vita alla Divisione Elettronica Olivetti. La figura di Tchou, scomparso prematuramente nel 1961, ha rappresentato una figura di svolta – purtroppo dimenticata – nell'Italia industriale del dopoguerra, un momento aureo che ha visto il nostro Paese innovatore e leader mondiale nel settore elettronico.

This paper wants to remember Mario Tchou, italian-chinese physicist and engineer who, at the request of Adriano Olivetti, he moved from New York to Barbacina (Pisa) to direct that group of pioneers who in 1955 gave birth to the Electronics Division Olivetti. The figure of Tchou, who died prematurely in 1961, represented a turning figure – unfortunately forgotten – in the post-war industrial Italy, a golden age that has seen our country a world leader and innovator in the electronics industry.

Oltre cinquantanni fa, il 9 novembre 1961, moriva a soli 37 anni il fisico-ingegnere Mario Tchou, la cui storia professionale si interseca con quella dell'Olivetti e con il suo periodo di massimo splendore con lo sviluppo del progetto del primo calcolatore italiano. Mario Tchou era nato a Roma il 26 giugno 1924, figlio di Yin Tchou, che durante la prima guerra mondiale si era trasferito in Italia dalla Cina alla ricerca di macchinari per produrre la seta e divenuto poi diplomatico della Cina imperiale presso il Vaticano[1], e Evelyn Wauang. Cresciuto nella capitale, dove tra i suoi amici di infanzia vi fu

---

[1] Si veda *Ambasciate e legazioni presso S.M. il Re d'Italia*, Ministero degli Esteri, 15/11/1921.

1

il futuro dirigente comunista Alfredo Reichlin, ottenne nel 1942 la maturità classica al liceo "Torquato Tasso". Si iscrisse poi al corso di Ingegneria industriale, sezione Elettrotecnica, presso la Regia Università degli Studi di Roma e nel 1945, dopo aver vinto una borsa di studio, si trasferì a Washington dove nel 1947 ottenne il Bachelor of Electrical Engineering presso la Catholic University of America. Trasferitosi lo stesso anno a New York, dove insegnò al Manhattan College, si specializzò presso il Brooklyn Polytechnic ottenendo nel '49 il Master of Science con una tesi sperimentale dal titolo "Ultrasonic Diffraction". Lo stesso anno a New York si sposò con Mariangela Siracusa che nel '46 si trovava negli Stati Uniti per studiare alla Columbia University. A partire dal 1950 fu consulente per il settore *television equipment&electronic components* dello studio legale Ostrolenk Faber, specializzato nel settore del copyright. Nel 1952, a soli 28 anni, gli fu conferito l'incarico di assistant professor presso la facoltà di Ingegneria elettronica della prestigiosa Columbia University di New York; qui diresse anche il Marcellus Hartley Laboratory, laboratori di ricerca nel settore dell'ingegneria elettrica ed elettronica.

1 L'arrivo in Italia e l'avventura elettronica

Nel frattempo in Italia i fratelli Adriano e Dino Olivetti[2] si erano convinti della necessità di investire in progetti di elettronica. Già nel 1949 Enrico Fermi, durante una visita alla fabbrica di Ivrea, aveva richiamato l'attenzione di Adriano Olivetti sui futuri sviluppi dell'elettronica e nel dicembre dello stesso anno l'azienda piemontese concluse un accordo con l'industria francese Compagnie des Machines Bull per avviare una *joint-venture* che commercializzasse macchine a schede perforate.

Nel 1952 Dino Olivetti costituì a New Canaan, nel Connecticut, un laboratorio di elettronica diretto da Michele Canepa (già collaboratore di Mauro Picone presso l'Istituto Nazionale per le Applicazioni del Calcolo[3]) che però

---

[2]Adriano Olivetti, nato nei pressi di Ivrea l'11 aprile 1901, primogenito di Camillo Olivetti e Luisa Olivetti Revel, nel '24 conseguì la laurea in Ingegneria chimica e, dopo un soggiorno di studio negli Stati Uniti, due anni più tardi entrò nella fabbrica di famiglia dove, per volere del padre Camillo, inizialmente fu assunto come operaio per poi, nel '32, prenderne la guida. Durante gli anni della dittatura si oppose al fascismo e partecipò attivamente alla liberazione di Filippo Turati insieme a Carlo Rosselli, Ferruccio Parri e Sandro Pertini, per queste attività, giudicate sovversive dal regime, decise di rifugiarsi in Svizzera. Rientrato a Ivrea al termine del conflitto riprese il controllo dell'azienda. Si adoperò nella creazione di un modello di fabbrica nuovo e unico al mondo, soprattutto per quel periodo storico dove si contrapponevano capitalismo e comunismo. Artisti, poeti, scrittori e disegnatori frequentavano e collaboravano alle attività dell'azienda perché nell'idea di Adriano Olivetti a fianco dei contributi di carattere tecnico erano indispensabili anche gli apporti di creatività. Il suo impegno si espresse anche in politica, promosse il soggetto politico, battezzato Movimento Comunità, che lo elesse deputato nel 1958. Adriano Olivetti morì improvvisamente il 27 febbraio 1960 a causa di una trombosi cerebrale che gli fu fatale mentre si trovava sul treno che da Milano lo portava a Losanna.

Dino Olivetti, nato nel luglio del 1912 a Ivrea, ultimogenito di Camillo Olivetti e Luisa Olivetti Revel, dopo la laurea al Politecnico di Torino partecipò alla campagna d'Africa. Nel viaggio di ritorno si imbarcò direttamente da Napoli per Boston dove ottenne il Phd in Ingegneria meccanica al Massachusetts Institute of Technology. Nel 1940 si trasferì in Brasile per occuparsi della fabbrica Olivetti di San Paolo. Nel 1941, durante un viaggio dal Brasile agli Stati Uniti, fu catturato dalle forze alleate e condotto in un campo di prigionia a Trinidad. Alla fine dell'anno Dino rientrò negli Stati Uniti, a Kansas City, Missouri, dove lavorò alla North American Aviation. Al termine della guerra ritornò a Ivrea dove, al fianco del fratello Adriano, lavorò come Direttore Tecnico della Olivetti. Nei primi anni Cinquanta torna nuovamente negli Stati Uniti e si stabilisce a New Canaan dove avvia la Olivetti Corporation of America di cui ricopre la carica di Presidente fino al 1958. Tra il 1964 e il 1968 fu presidente dell'Arco Spa, fabbrica di componenti elettromeccanici, mentre nel 1968 fondò ad Aprilia la DOSPA (Dino Olivetti Spa), azienda leader per componenti elettronici dove avvennero le prime sperimentazioni sui circuiti ibridi. Dino Olivetti morì nel 1976 a causa di un infarto.

[3]Fondato a Napoli nel 1927 dal matematico Mauro Picone, l'INAC era l'unico centro di ricerca al mondo dedicato allo studio di modelli matematici per le applicazioni, in particolare ai problemi relativi alle soluzioni numeriche. Nel 1932 venne trasferito a Roma

3

non diede risultati soddisfacenti secondo Adriano Olivetti, sempre più convinto che l'elettronica sarebbe diventato un settore decisivo per lo sviluppo dell'umanità. Fu così che l'azienda di Ivrea decise di creare dei laboratori per lo studio e progettazione di un calcolatore elettronico italiano di interesse scientifico e commerciale. Per la direzione del progetto Guglielmo Negri, che lavorava a Roma nell'ufficio per il commercio estero dell'azienda, propose il nome del giovane e promettente ingegnere Tchou. Lo stesso Adriano Olivetti nel giugno del 1954 si recò a New York e presso la sede della Olivetti Corporation Of America conobbe Mario Tchou. Olivetti rimase entusiasta dall'incontro perché l'ingegnere, a cui riconobbe subito una spiccata curiosità e ottime abilità direttive, era uno dei pochi studiosi e conoscitori del funzionamento dei calcolatori elettronici. Mario Tchou accettò la proposta della Olivetti di dirigere i nascenti laboratori e nel dicembre dello stesso anno ritornò in Italia.

Nei primi anni Cinquanta l'Università di Pisa aveva ottenuto dagli enti locali di Livorno, Lucca e Pisa 150 milioni di lire per il suo sviluppo. Inizialmente i fondi furono stanziati per la costruzione di un sincrotone – realizzato poi a Frascati[4] – ma Enrico Fermi nel 1954, interpellato sul possibile impiego di questo investimento, ebbe l'intuizione di utilizzare quei fondi per la costruzione di un calcolatore elettronico per applicazioni tecnico-scientifiche, che sarebbe stato al servizio di tutto il mondo della ricerca italiana. In una lettera dell'11 agosto 1954 scrisse a Enrico Avanzi, Rettore dell'Università di Pisa, in cui affermava di considerare l'idea di *"costruire in Pisa una macchina calcolatrice elettronica (...) di gran lunga la migliore"* in quanto *"essa costituirebbe un mezzo di ricerca di cui si avvantaggerebbero in modo, oggi quasi inestimabile, tutte le scienze e tutti gli indirizzi di ricerca"*.

Il suggerimento di Fermi fu accolto e il 4 ottobre 1954 l'Università assegnò circa 120 milioni di lire per la costruzione a Pisa della nuova calcolatrice elettronica CEP[5] (Calcolatrice Elettronica Pisana); fra le motivazioni che

dove divenne il primo istituto del CNR. Qui assunse la denominazione INAC (Istituto Nazionale per le Applicazioni del Calcolo). Nel 1951 venne scelto dall'UNESCO come sede del proprio Centro internazionale di calcolo. Nel 1937 l'INAC acquistò per 300 milioni di lire il FINAC, secondo computer giunto in Italia. Presso l'Istituto hanno operato i più prestigiosi matematici, fra cui Renato Caccioppoli, Fabio Conforto, Carlo Miranda, Ennio De Giorgi e Luigi Amerio. Ad oggi la sua denominazione è Istituto per le Applicazioni del Calcolo "Mauro Picone" (IAC).

[4]A Frascati nel 1955 furono creati i Laboratori Nazionali di Fisica Nucleare. Il sincrotone 1.1 GeV, prima macchina al mondo di questa potenza ad essere installata, fu costruito sotto la supervisione di Giorgio Salvini a partire dal 1955. Completato nel 1958, iniziò a funzionare del febbraio dell'anno successivo.

[5]La decisione fu presa nel corso di una riunione, convocata dal Rettore dell'Università di Pisa E. Avanzi, a cui presero parte i rappresentanti dei Comuni e delle Provincie di Livorno, Lucca e Pisa, i professori M. Conversi, G. Salvini ed E. Tongiorgi.

4

spinsero verso la costruzione della macchina fu la decisione dell'Olivetti di collaborare con l'Università toscana. L'Olivetti infatti si associò all'impresa stipulando, il 7 maggio 1956, una convenzione con l'Università di Pisa che stabiliva il supporto finanziario alla struttura e ai suoi ricercatori finalizzato alla costruzione del calcolatore per l'Ateneo e all'avvio di un progetto autonomo – il Laboratorio di Ricerche Elettroniche (LRE) – della Olivetti volto alla realizzazione di un elaboratore elettronico di facile uso che potesse essere prodotto su scala industriale per la commercializzazione. Così a Barbaricina, a pochi chilometri dalla città di Pisa, si insediò il Laboratorio di Ricerche Elettroniche che sotto la direzione di Mario Tchou segnò la nascita del progetto ELEA (ELaboratore Elettronico Automatico). Lo stesso Adriano Olivetti in un discorso tenuto ai dipendenti, nel dicembre 1955, enuncia il manifesto dell'impresa elettronica:

"Nel campo dell'elettronica, ove soltanto le più grandi fabbriche americane hanno da anni la precedenza, lavoriamo metodicamente da quattro anni dedicandoci a un ramo nuovo. (...) Noi non potremo essere assenti da questo settore per molti aspetti decisivo. Con ciò tuttavia nessun pericolo incombe sulle nostre produzioni: come l'industria aeronautica non ha fermato lo sviluppo di quella automobilistica, così le calcolatrici elettroniche non sostituiranno, almeno per molto tempo, né le addizionatrici, né le calcolatrici meccaniche. Esse si aggiungono soltanto a render possibile l'esistenza efficiente dei grandi organismi e a procurare ai tecnici e operai italiani nuove occasioni di lavoro"[6].

In questa fase ha anche inizio la ricerca delle figure professionali (fisici, ingegneri, matematici e tecnici) per i nuovi laboratori e lo stesso Mario Tchou se ne occupò in prima persona. L'idea alla base del metodo industriale dell'ingegnere era l'innovazione. Nel laboratorio di Barbacina raccolse i migliori cervelli che dovevano rispettare una caratteristica fondamentale: essere giovani. In un'intervista al quotidiano *Paese Sera* del 1955[7] motiverà la scelta affermando che *"le cose nuove si fanno solo con i giovani. Solo i giovani ci si buttano dentro con entusiasmo, e collaborano in armonia senza personalismi e senza gli ostacoli derivanti da una mentalità consuetudinaria"*.

Dalla testimonianza di Giuseppe Calogero, ex direttore del personale del progetto ELEA, Tchou svolse centinaia di colloqui e selezioni durante i quali preferiva esporre le sue idee e progetti piuttosto che sondare le conoscenze scolastiche dei candidati, incontrando giovani diplomati e neolaureati che sarebbero diventati i primi programmatori italiani. Si trattava, quest'ultima,

---

[6]Messaggio dell'ing. Adriano Olivetti ai dipendenti e all'Organizzazione, *Notizie Olivetti*, gennaio 1956.

[7]A. Coen, "Il cervello elettronico «mago» dei nostri tempi", *Paese Sera*, 19/11/1959.

di una figura professionale inesistente per quei tempi, il che rendeva l'avventura informatica ancora più affascinante. Nel '56 tutti gli uomini assunti dalla Olivetti furono raccolti nella sede del LRE e Mario Tchou chiese ad Adriano Olivetti tre anni per portare a compimento la costruzione del calcolatore.

Il progetto teorico su cui fondare le ricerche era la celebre macchina di von Neumann ma, immediatamente, si ponevano dei problemi: il primo era la descrizione dello schema logico (compito dei nuovi programmatori), il secondo era la sua realizzazione mediante circuiti elettronici e di conseguenza la scelta di quale tecnologia applicare. Dopo appena due anni di studio e lavoro, nella primavera del 1957, il gruppo realizzò la "macchina zero" denominata Elea 9001: un prototipo a valvole termoioniche, a fili liberi e con una parte a transistor al germanio per gestire la memoria, che fu testata e usata nella fabbrica di Ivrea per automatizzare la gestione del magazzino.

Mario Tchou era però convinto della necessità di passare dal sistema di amplificazione del segnale mediante valvole termoioniche (il cui funzionamento è simile a quello di una lampadina, ma con più elementi metallici disposti a forma di griglia), già applicato in alcuni calcolatori all'estero e che necessitava però di temperature troppo elevate, grandi energie e grossi spazi, a quello mediante l'impiego totale di transistor[8]. Un altro problema riguardava la memoria della macchina. Anche qui vi erano molte tecnologie possibili, ma ancora sconosciute nel dettaglio. Tchou ebbe il merito di orientarsi sui nuclei magnetici, cioè degli anelli di ferrite attraversati da quattro fili incrociati.

Lo stesso anno nasce dunque l'Elea 9002, il primo prototipo di macchina per il commercio, anch'esso a valvole ma più veloce del precedente perché utilizzava transistor al silicio per la gestione delle unità a nastro della memoria che funzionavano mediante nuclei magnetici, ossia degli anelli di ferrite attraversati da quattro fili incrociati, che si confermarono più affidabili e gestibili delle valvole. Ma Mario Tchou e i suoi collaboratori si resero conto delle insufficienti capacità di programmazione della macchina, fu così che la Olivetti iniziò a selezionare matematici per formare un gruppo che si occupasse dello sviluppo delle attività di programmazione della calcolatrice, ovvero del suo *software*.

Il laboratorio ormai contava numerosi collaboratori e perciò nel 1957

---

[8]Progettato per la prima volta in Canada nel 1925 dal fisico Julius Edgar Lilienfeld, il transistor fu brevettato nel 1934 dall'inventore tedesco Oskar Heil. È Composto da un materiale semiconduttore al quale sono applicati tre terminali che lo collegano a un circuito esterno. Applicando una tensione elettrica o una corrente elettrica a due terminali permette di regolare il flusso di corrente che attraversa un dispositivo, permettendo di amplificare il segnale in ingresso. I transistor possono lavorare in maniera individuale oppure essere utilizzati anche in grande numero all'interno dei circuiti integrati.

Mario Tchou e Roberto Olivetti[9], figlio di Adriano, decisero di trasferire le attività del laboratorio in una località logisticamente più adatta alla produzione industriale. Nel 1958 il Laboratorio ELEA si insediò a Borgolombardo, poco lontano da Milano, mentre la sede storica di Ivrea rimase la capitale del comparto elettromeccanico (in questa maniera la sezione elettronica non avrebbe rischiato di essere inglobata nelle attività elettromeccaniche). Si passò così dal laboratorio "artigianale" di Barbaricina a una nuova struttura per la produzione dei calcolatori elettronici che col passare del tempo arriverà a impiegare più di mille addetti.

I due dirigenti compresero però che la sfida all'industria statunitense poteva essere vincente a patto di instaurare una cooperazione tra le principali aziende europee del settore con l'obiettivo di concordare standard tecnologici comuni che permettessero l'interoperabilità tra le diverse macchine prodotte e di condividere ricerca e sviluppo e quindi innescare processi di innovazione più rapidi. Vi furono numerosi incontri con le altre compagnie europee (Ict, Siemens e Bull) i quali purtroppo non diedero i risultati sperati.

Sempre nel '58 fu completato l'Elea 9003, il primo computer commerciale al mondo totalmente a transistor adatto alla soluzione di problemi gestionali, tecnico scientifici e di ricerca operativa. La logica della macchina era dotata di capacità di elaborazione in parallelo e riusciva ad eseguire fino a tre programmi contemporaneamente. Infine il design, ideato e curato dall'architetto Ettore Sottsass[10] era innovativo, elegante e funzionale con moduli compatti a misura d'uomo così da rendere più agevole la manutenzione. Per la costruzione dei calcolatori risultarono necessari oltre 300.000 transistor e diodi per ciascun calcolatore e questo convinse Adriano Olivetti a realizzare una fonderia, denominata Società Generale Semiconduttori, in cooperazione con la società Telettra. La SGS diventerà in futuro la STMicroelectronics che a tutt'oggi è una delle principali società al mondo nella produzione di

---

[9]Roberto Olivetti, nato a Torino il 18 marzo 1928, primogenito di Adriano e di Paola Levi. Frequentò il liceo classico presso l'Istituto dei Padri scolopi alla Badia Fiesolana. Frequentò poi la facoltà di economia e commercio all'Università commerciale L. Bocconi di Milano dove si laureò nel giugno 1952 in statistica metodologica, con una tesi dal titolo "Le misure statistiche nell'efficienza produttiva". Entrato nella Olivetti nel settore commerciale, diresse per un anno la filiale di Verona, per seguire poi nel 1954 un corso in *business administration* alla Harvard University. Al rientro in Italia, nel 1955, ebbe il compito di realizzare e dirigere la sezione elettronica della Olivetti. Dopo varie difficoltà nella gestione della Divisione elettronica, nel 1978 lasciò l'Olivetti e divenne direttore generale della Fi.Me (Finanziaria Meridionale). Attivo in varie istituzioni culturali, diede un contributo alla fondazione della casa editrice Adelphi. Roberto Olivetti morì a Roma il 27 aprile 1985.

[10] E. Sottsass, "Disegno dei calcolatori elettronici", estratto da *Stile industria* n. 22, 1959.

componenti elettronici.

Sin dagli albori del progetto ELEA, una delle prerogative era l'idea di commercializzare il calcolatore e perciò, oltre agli studi sul hardware della macchina, il gruppo si concentrò anche sui supporti necessari. L'unità centrale dell'Elea 9003 poteva essere collegata a un elevato numero di unità magnetiche di archivio – tanto da consentire l'accesso a una quantità di informazioni praticamente illimitata – e di unità periferiche per l'introduzione e l'estrazione dei dati. Era dotato di dispositivi *input* fra cui un lettore di schede perforate, un lettore di nastri di carta, una tastiera e un convertitore dati e di strumenti *output* come un perforatore di schede, nastri magnetici, stampanti e modem per la trasmissione dati.

Nel novembre 1959 Leonardo Coen pubblicò su *Paese Sera* un reportage in due puntate dedicato al Laboratorio di Borgolombardo[11]. In questo articolo il giornalista sottolinea l'importanza strategica dei computer per il futuro dell'umanità affermando: *"Le grandi calcolatrici costituiscono lo strumento più caratteristico e indispensabile della nostra epoca di travolgente progresso tecnologico. Senza questi poderosi "cervelli meccanici" la scienza nucleare non avrebbe potuto creare le grandi centrali atomiche e la scienza missilistica non avrebbe potuto inviare i razzi cosmici verso la Luna. Né si parlerebbe oggi della «seconda rivoluzione industriale» se i cervelli elettronici non avessero reso possibile l'automazione delle fabbriche"*. Mario Tchou, intervistato da Leonardo Coen in merito alla competizione con l'americana IBM, affermò: *"Attualmente possiamo considerarci allo stesso livello [dei nostri concorrenti, n.d.a.] dal punto di vista qualitativo. Gli altri però ricevono aiuti enormi dallo Stato. Gli Stati Uniti stanziano somme ingenti per le ricerche elettroniche, specialmente a scopi militari. Anche la Gran Bretagna spende milioni di sterline. Lo sforzo della Olivetti è relativamente notevole, ma gli altri hanno un futuro più sicuro del nostro, essendo aiutati dallo Stato"*. Mentre in Italia avveniva il contrario, dove Adriano Olivetti si era impegnato a regalare una calcolatrice Elea al ministero del Tesoro e mise a disposizione delle Università – per fini di ricerca e sperimentazione – il Centro di calcolo elettronico Olivetti di Milano.

L'8 novembre 1959 nella sede milanese di via Clerici 4, alla presenza del Presidente della Repubblica Giovanni Gronchi[12], avvenne l'inaugurazione dell'Elea 9003, prodotto e commercializzato in circa 40 esemplari, il primo dei quali installato alla Marzotto di Valdagno (VI) e il secondo alla banca

---

[11] A. Coen, "Come è nata anche in Italia una grande calcolatrice elettronica", *Paese Sera*, 18/11/1959.

[12] Il Presidente in questa occasione affermò: *"La realizzazione del Laboratorio elettronico, che ho avuto il piacere di visitare, rappresenta una nuova affermazione della tecnica e dei lavoro italiani che fa onore a quanti in ogni settore vi hanno collaborato"* (si veda [9]).

Monte dei Paschi di Siena. Quest'ultimo esemplare è conservato e tutt'oggi in uso presso l'ITIS "Enrico Fermi" di Bibbiena (AR).

2 L'Olivetti Controllo Numerico e l'Elea 6001

Fra gli obiettivi principali di Mario Tchou evi era la possibilità di trasferire le tecnologie elettroniche appena conquistate nella realizzazione di macchine utensili – settore nel quale la Olivetti aveva una grande tradizione avviata dalla sua fondazione da Camillo Olivetti – e macchine contabili. In questo contesto Tchou incontrò, nel 1959, il giovane canadese Joe Elbling che pur rifiutando di entrare nel Laboratorio elettronico collaborò all'avvio delle attività di controllo numerico. Ottenuto il benestare di Roberto e Adriano Olivetti, in poco tempo l'azienda divenne leader mondiali nel settore. L'ingegnere proseguì la sua strategia di condivisione dei risultati del lavoro di ricerca e sviluppo anche per importanti progetti industriali e scientifici nazionali fra i quali la realizzazione di due *data loggers*, cioè raccoglitori e registratori di dati di funzionamento, per il monitoraggio del reattore della centrale elettronucleare di Latina costruita, a partire dal '58, dalla SIMEA-ENI.

Nel 1960 Mario Tchou e i suoi collaboratori decisero di realizzare un elaboratore di prestazioni e costo inferiori. Nello stesso periodo anche la concorrente americana IBM stava per presentare il nuovo sistema "1620", rivolto a utenti medi per installazioni di minor prezzo. Il primo prototipo fu fisicamente pronto verso la metà del 1960 e nell'aprile 1961 alla Fiera di Milano fu presentato l'Elea 6001, orientato principalmente ad applicazioni di carattere scientifico e rivolto agli istituti universitari, enti pubblici e media industria, il quale otterrà un grande successo (tra il 1961 e il 1965 ne furono venduti più di cento esemplari).

3 La scomparsa di Mario Tchou e la fine di un'epoca

Questi anni non furono caratterizzati solo da grandi successi, infatti il 27 febbraio 1960 Adriano Olivetti morì all'età di 59 anni, a causa di un malore mentre si stava recando in Svizzera e la famiglia, divisa in cinque rami, si scontrò nella gestione dell'azienda, ostacolando l'ascesa di Roberto Olivetti. Fu nominato presidente della fabbrica di Ivrea Giuseppe Pero che sin da subito assicurò pieno sostegno alle attività elettroniche.

Mario Tchou era consapevole che nonostante fosse all'avanguardia, l'Elea 9003 presentava alcuni limiti. Il calcolatore usava come linguaggio di programmazione il Fortran, lo stesso usato dall'IBM, che però si era dimostrato inferiore ad altri linguaggi come l'Algol e il Simula. All'inizio del 1961 Mario Tchou affidò a Mauro Pacelli (ex-docente di meccanica razionale all'Università di Pisa e poi capo del progetto elettronico sin dai tempi di di Barbaricina) il compito di progettare l'architettura di sistema di un nuovo computer. Nel novembre dello stesso anno Pacelli presentò un rapporto sull'architettura di un nuovo calcolatore che disegnava una macchina sempre a transistor, il cui *software* e i comandi facilitassero la compilazione e l'esecuzione di programmi scritti in linguaggio Palgo[13].

La mattina di giovedì 9 novembre 1961, l'ingegner Tchou partì da Borgolombardo diretto a Ivrea per partecipare a una riunione con i vertici dell'azienda per discutere i finanziamenti e i programmi per il nuovo calcolatore. Lungo il percorso, all'altezza di Santhià (VC), l'auto si scontrò con un camion uccidendo, a soli 37 anni, Mario Tchou e il suo autista.

Pochi giorni dopo, il 13 novembre, a Pisa fu inaugurata la Calcolatrice Elettronica Pisana (CEP), il cui progetto era stato avviato nel 1955 da Mario Tchou. Durante la cerimonia il rettore dell'Università di Pisa Alessandro Faedo ricordò[14]:

Il Centro, iniziato con il lavoro appassionato di un piccolo gruppo di ricercatori qui attratti per l'interesse che portavano in tale campo di studi – e fra questi pionieri desidero ricordare l'ingegner Tchou, diventato poi direttore del Laboratorio ricerche elettroniche della Olivetti, scomparso tragicamente in questi giorni – creò via via il progetto della costruenda calcolatrice e un corpo di tecnici a tutti i livelli per realizzarne la costruzione. (...) Alla cor-

---

[13]Palgo (Programmazione algoritmica)è un linguaggio di programmazione basato sul modello Algol.

[14]Relazione del Magnifico rettore Alessandro Faedo, in occasione dell'inaugurazione dell'anno accademico 1961-1962, Annuario per l'anno accademico 1961-1962, 618° dalla fondazione, Università degli Studi di Pisa, Pisa, 1963.

aggiosa iniziativa promossa dagli enti locali si unirono successivamente altri enti: la società Olivetti, per la illuminata visione che Adriano Olivetti aveva dei rapporti fra università e industria stipulò una convenzione con l'Università di Pisa, concedendo nuovi finanziamenti e l'aiuto di un suo proprio personale che presso il nostro centro ha affinato la sua preparazione; l'Istituto nazionale di fisica nucleare, il Consiglio nazionale delle ricerche, il Comitato nazionale per l'energia nucleare, il ministero della Pubblica istruzione.

Il giorno successivo, il presidente della Olivetti Giuseppe Pero, a chiusura della collaborazione durata sei anni, scrisse al rettore:

Ivrea, 14 novembre 1961

Chiarissimo Professore, rientrato in sede mi affretto a scrivere per esprimere a Lei e al Senato Accademico i sensi dei nostro più vivo apprezzamento per i riconoscimenti che ieri, nel corso della solenne cerimonia di inaugurazione dell'anno accademico, sono stati fatti nei riguardi della Olivetti, dell'Ing. Adriano Olivetti e dell'Ing. Mario Tchou. Tali riconoscimenti, anche per il tono sensibile ed elevato con cui sono stati avanzati nei riguardi dei contributo che abbiamo avuto l'onore di portare alla realizzazione della calcolatrice elettronica CEP di Pisa, sono per noi motivo di legittimo orgoglio.

Il 18 novembre, Giuseppe Pero si recò a Borgolombardo per rassicurare i dipendenti sul futuro del Laboratorio[15] e nel corso della visita annunciò che le attività del comparto elettronico sarebbero state dirette da Roberto Olivetti. A partire dal 1962 le attività elettroniche, ribattezzate Divisione elettronica, si spostarono a Pregnana Milanese, in una sede acquistata nel 1959 di oltre 300 mila metri quadrati il cui progetto di costruzione fu affidato al famoso architetto Le Corbusier.

Nel 1964 la Olivetti, in seguito a una crisi industriale, fu costretta dai soci che la salvarono (guidati da FIAT e Mediobanca) a cedere, nel silenzio della politica italiana, la Divisione elettronica alla statunitense General Electric, segnando così la fine dell'avventura di un'informatica tutta italiana.

---

[15] "La scomparsa dell'ingegnere Mario Tchou", *Notizie Olivetti*, novembre 1961.

Riferimenti bibliografici

[1] AA.VV., "50 anni di Informatica in Italia", *PRISTEM/Storia. Note di Matematica, Storia, Cultura n.12-13*, Centro PRISTEM-Università Bocconi, 2006.

[2] Convegno "Mario Tchou e l'Elea 9000", Milano, 23 novembre 2011.

[3] De Tullio Jacopo, "L'Olivetti di Pregnana Milanese e l'Informatica italiana", Grin Verlag, 2013.

[4] De Tullio Jacopo, Betti Renato, "Il polo Olivetti di Pregnana Milanese", *MATEpristem*, matematica.unibocconi.it, Centro PRISTEM-Università Bocconi, 2012.

[5] Filippazzi Franco, "Gli elaboratori elettronici Olivetti negli anni 1950-1960", Università di Udine, 21 maggio 2008.

[6] Gallino Luciano, "La scomparsa dell'Italia industriale", Einaudi, 2003.

[7] Gallino Luciano, *La scomparsa dell'Italia industriale*, Einaudi, Torino, 2003

[8] Ochetto Valerio, "Adriano Olivetti. Industriale e utopista", Cossavella, 2000.

[9] Parolini Giuditta, "Olivetti Elea 9003: Between Scientific Research and Computer Business", *History of computing and education 3*, Springer, 2008.

[10] Rao Giuseppe, "Mario Tchou e l'Olivetti Elea 9003", *Limes*, luglio 2008.

[11] Soria Lorenzo, "Informatica: un'occasione perduta. La Divisione elettronica dell'Olivetti nei primi anni del centro-sinistra", Einaudi, 1979.